MÉTHODE

DE

CHANT D'ENSEMBLE

A L'USAGE

DES ÉCOLES ET DES SOCIÉTÉS CHORALES,

CONTENANT

DES SOLFÈGES ET DES CHŒURS A 2 ET A 3 VOIX,

PAR

Lambert Guilleaume,

Professeur de Musique à l'Athénée royal de Liége.

Prix net : 2 Francs.

LIÉGE,

Vve LÉOP. MURAILLE, ÉDITEUR,

Rue de l'Université, 41.

TOURNAI, H. CASTERMAN, Rue aux Rats, 11.

PARIS, P. LETHIELLEUX, Rue Bonaparte, 66.

Déposé 1860.

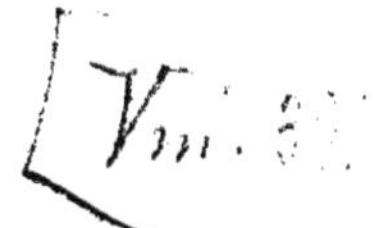

MÉTHODE DE CHANT D'ENSEMBLE.

1° La musique s'écrit par des signes appelés *Notes,* qui sont au nombre de 7, savoir : *Do*, *Ré*, *Mi*, *Fa*, *Sol*, *La*, *Si*, et qui composent l'échelle musicale qu'on nomme *Gamme*. On y ajoute la première note, exemple : *Do, Ré, Mi, Fa, Sol, La, Si, Do.*

2° Ces notes se placent sur et entre cinq lignes horizontales qu'on appelle *portée.*

3° La 1re ligne est celle du bas.

4° Les 4 espaces renfermés entre les cinq lignes s'appellent *interlignes*.

5° On nomme *Clef* un signe qui se met au commencement de chaque portée et qui donne le nom aux notes.

6° Il y a trois clefs, celle de *Sol* 𝄞 celle de *Fa* 𝄢 et celle de *Do* 𝄡

7° La clef de *Sol* et la clef de *Fa*, sur la 4e ligne, sont les plus usitées.

8° La clef de *Sol* donne le nom de *Sol* à la note placée sur la 2e ligne, qui est celle de la clef.

9° On reconnait que la clef de *Sol* est placée sur la 2e ligne à la boucle de la clef posée sur cette ligne.

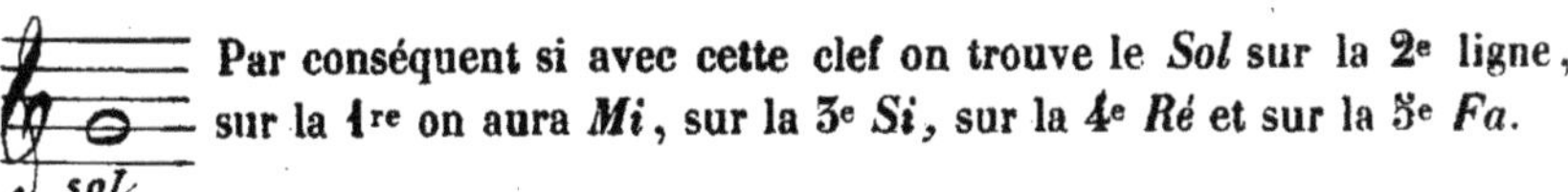

Par conséquent si avec cette clef on trouve le *Sol* sur la 2e ligne, sur la 1re on aura *Mi*, sur la 3e *Si*, sur la 4e *Ré* et sur la 5e *Fa*.

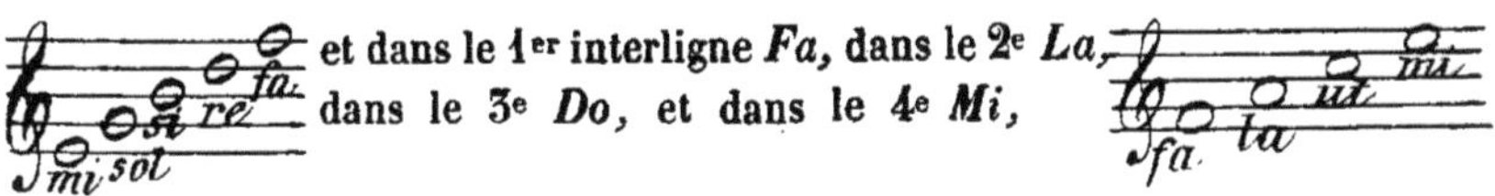

et dans le 1er interligne *Fa*, dans le 2e *La*, dans le 3e *Do*, et dans le 4e *Mi*,

NOTA. Pour les autres principes, on pourra consulter ma grammaire musicale : le professeur ne les expliquera qu'au fur et à mesure que les élèves en auront besoin.

10° Quand les notes dépassent la *portée* soit au grave ou à l'aigu, on se sert de petites lignes additionnelles.

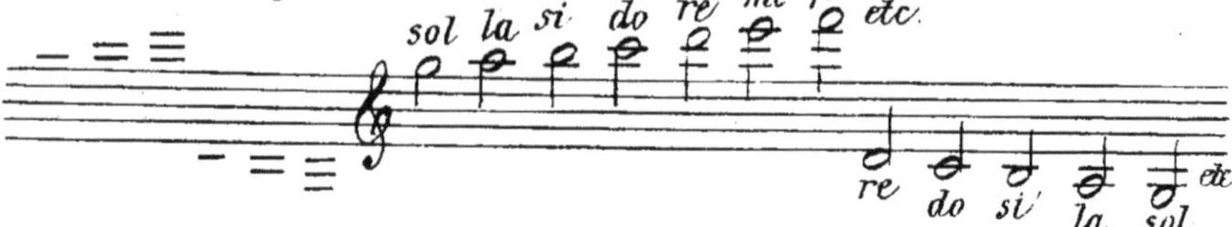

TABLEAU DES 7 FIGURES DE NOTES ET DES 7 SILENCES.

La ronde	la blanche	la noire	la croche
a pour silence	a pour silence	a pour silence	a pour silence
la pause.	la 1/2 pause.	le soupir.	le 1/2 soupir.

la double croche	la triple croche	la quadruple croche
a pour silence	a pour silence	a pour silence
le 1/4 de soupir.	le 8me de soupir.	le 16me de soupir.

Bâton valant 4 pauses.	Bâton valant 2 pauses.

11° Les silences sont employés pour remplacer les notes, quand la voix ou l'instrument doit se taire, quoique la mesure continue toujours.

DE LA MESURE.

12° On nomme mesure les notes comprises entre deux lignes verticales. Ces lignes s'appellent barres de mesure.

13° Battre la mesure, c'est faire avec la main des mouvements égaux qu'on nomme temps.

14° On bat la mesure de trois manières : à 2, à 3 et à 4 temps.

15° Le signe qui indique la mesure, se met après la clef au commencement du morceau.

16° La mesure à 4 temps est représentée par un C

Avant de solfier, les élèves s'exerceront à battre cette mesure, en prononçant à demi voix, 1, 2, 3, 4, on agira de même pour les autres mesures.

17° Toutes les mesures d'un morceau de musique (excepté la 1re qui peut être incomplète), ont toujours le même nombre de temps soit en notes, soit en silences, à moins que le signe qui indique la mesure ne change.

DE LA GAMME.

18° Une gamme diatonique est toujours composée de 5 tons et 2 demi-tons. Si la gamme est majeure, le 1er demi-ton se trouve entre la 3e et la 4e note, et le 2d demi-ton entre la 7e et la 8e.

Cette gamme sert de modèle pour toutes les gammes majeures.

19° On a donné des noms aux notes de la gamme, pour rappeler leurs différentes propriétés. *Do* se nomme *tonique*, comme étant la note la plus importante de la gamme; celle que nous désirons prendre pour terminer un chant. *Sol*, la 2de note importante, se nomme *dominante*, parce que cette note domine constamment dans le chant. *Mi*, qui tient le milieu entre elles deux, se nomme *médiante;* on verra plus loin quel rôle important joue cette médiante. *Si* se nomme *sensible*, parce que cette note détermine le ton, et qu'elle a une tendance à remonter à la tonique.

Les autres notes prennent leur nom des voisines les plus importantes; *Ré*, se nomme *sus-tonique*; *Fa*, *sous-dominante;* et *La*, *sus-dominante*.

2° Le mot *Ton* a 2 significations, celle d'intervalle, comme *Do*, *Ré*, et l'autre pour désigner la *tonique* ou la note du *ton*.

VALEURS DES TROIS PREMIÈRES FIGURES.

la ronde ou la pause	la blanche ou la 1/2 pause	la noire ou le soupir
vaut 4 temps.	vaut 2 temps.	vaut 1 temps.

Pour les leçons à mesurer, on agira de la manière suivante : 1° les faire copier aux élèves qui y ajouteront les barres de mesure. 2° les faire solfier sans intonation en ayant soin d'observer les valeurs et de dire 1. 2. 3. 4 pour les silences. 3° les faire solfier avec les intonations.

LEÇON A MESURER.

Les 3 gammes suivantes doivent être solfiées à une partie, puis à deux. La 2e partie commence quand la 1re est à la lettre *A*.

No 1. — *Gamme du ton de Do Majeur.*

DE L'INTERVALLE.

20° Un intervalle est la distance d'une note à une autre.

21° Les notes sont émises par degrés conjoints lorsqu'elles sont à distance de seconde, comme *Do, Ré* etc. ; par degrés disjoints, lorsqu'elles sont à distance au moins de tierce, comme *Do, Mi* etc.

TABLEAU DES 7 INTERVALLES.

On compte les intervalles du grave à l'aigu.

Pour étudier les intervalles, on peut se servir des 3 notes les plus importantes de la gamme, qui sont comme nous l'avons dit, la *tonique,* la *médiante* et la *dominante,* et qui forment entre elles, étant chantées simultanément, ce qu'on nomme accord parfait. Cet accord est si naturel, qu'il n'est pas nécessaire d'avoir la moindre connaissance musicale pour en retenir les sons.

On y ajoute l'octave du 1er son. 

Le professeur fera répéter plusieurs fois cet accord ; après pour solfier *Do*, *Fa*, on montera d'abord au *Mi*, et puis au *Fa*, *Do*, *Mi*, *Fa*, et répéter *Do*, *Fa*. pour trouver le *La*, on montera jusqu'au *Sol*, *Do*, *Mi*, *Sol*, *La* ; *Do*, *La*, pour trouver le *Si*, on montera jusqu'au *Do* supérieur et l'on descendra au *Si*, *Do*, *Mi*, *Sol*, *Do*, *Si*, *Do*, *Si*.

Exemple.

LEÇONS SUR L'INTERVALLE DE SECONDE.

La 2de majeure est d'un ton. *La 2de mineure est d'un 1/2 ton.*

No 4.

No 5.

A

No 6.

A

No 7.

Après la dernière leçon de chaque intervalle, le professeur interrogera les élèves sur le nombre de tons et demi-tons qui le compose.

LEÇON A MESURER.

No 7bis.

LEÇONS SUR L'INTERVALLE DE TIERCE.

La 3ce majeure est de 2 tons. *La 3ce mineure est de 1 ton 1/2.*

No 8.

Fin pour la 2de partie. *Fin pour la 1re partie.*

No 9.

A

No 10.

1re 2de

LEÇONS SUR L'INTERVALLE DE QUARTE.

Nº 16.
A
Nº 17.
Exercice pour préparer à chanter à 3 parties.
1re 2de 3e
Exercice sur la blanche pointée qui vaut 3 temps.
Nº 18.

On agira pour les chœurs comme pour les leçons à mesurer, c'est-à-dire que les élèves liront en mesure et sans intonation les paroles de chaque chœur

Chantez ce chœur à l'unisson puis à 2 parties.

1er CHOEUR.

Avant d'ajouter les paroles, le chœur doit être su comme solfége.

Pour les chœurs et les solféges, on exercera les élèves à changer de parties.

Exercices pour apprendre à dire 2 croches pour un temps.

No 1.

A

No 2.

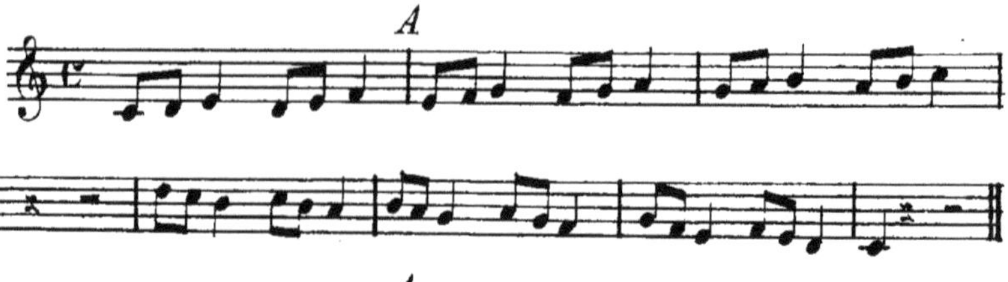

A

No 3.

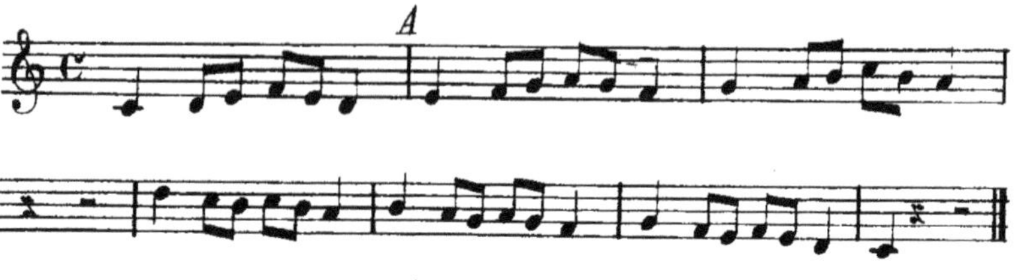

A

No 4.

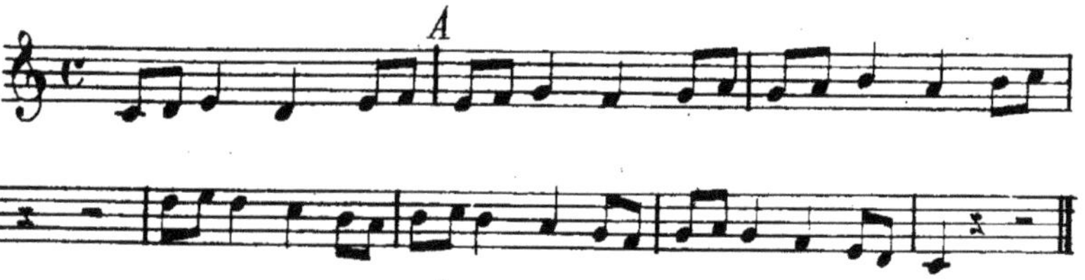

A

No 5.

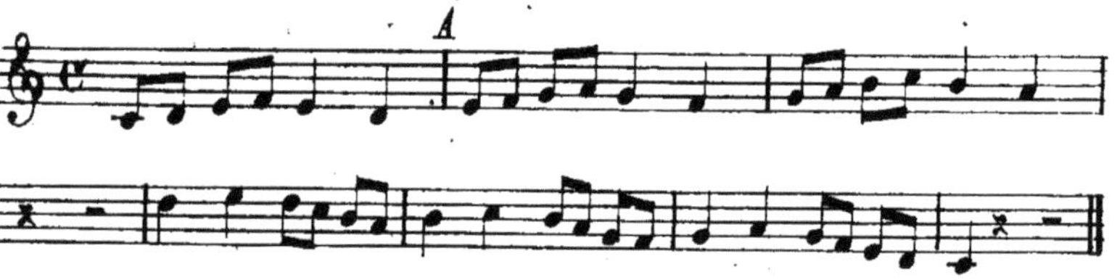

LEÇON A MESURER.

LEÇON SUR L'INTERVALLE DE QUINTE.

La quinte juste.

3 tons et 1/2

5te diminuée 2 tons
et 2 demi tons.
No 21.
No 22.

No 23.
LEÇONS SUR L'INTERVALLE DE SIXTE.
A
No 24.
6te majeure,
4 tons et 1/2.
6te mineure.
3 tons et 2 demi tons.
No 25.
No 26.

On a dit que la 1re mesure d'un morceau de musique pouvait être incomplète.

Exemple.

Exercice sur la noire pointée qui vaut un temps et demi.

Observation pour les paroles mises sous la musique.

Chaque syllabe se chante sous chaque note, excepté quand la syllabe est placée sous plusieurs notes crochées ensemble, ou réunies par une liaison.

2me CHOEUR.

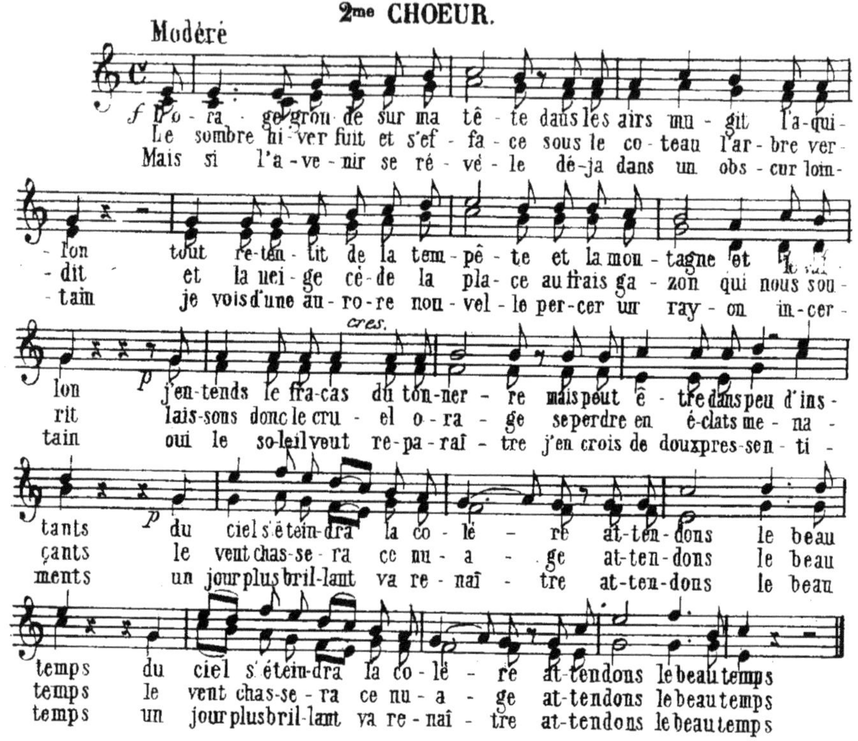

Gamme diatonique du ton de Do *majeur.*

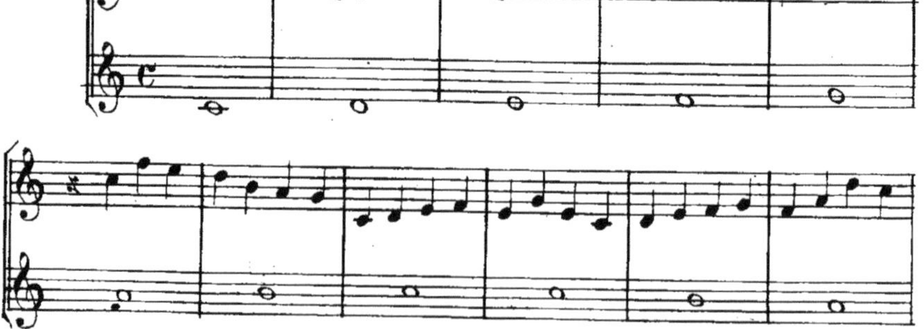

LEÇONS SUR L'INTERVALLE DE SEPTIÈME.

Deux croches, ou un 1/2 soupir et une croche pour un temps.

LEÇON A MESURER, ETC.

LEÇONS SUR L'INTERVALLE D'OCTAVE.

No 35.

No 36.

On nomme *accident* tout signe qui hausse ou baisse la note devant laquelle il est placé.

LEÇON SUR LE DIÈZE ♯ ET LE BÉCARRE ♮

No 37.

3me CHOEUR.
Maëstoso.
In - cli - nez vous o na - tions de la ter - re pour
Au Dieu puis - sant dont vous ê - tes l'ou - vra - ge au
E - tre di - vin que ta main si fé - con - de en
lou - er le Sei - gneur pour lou - er le Sei - gneur pros - ter - nez
mo - nar - que des cieux au mo - nar - que des cieux pour ses bon -
gra - ces en bien - faits en gra - ces en bien - faits don - ne á ja -
vous le front dans la pous - siè - re de - vant le Cré - a - teur de - vant le
tés peu - ples ren - dez hom - ma - ge a - dres - sez lui vos vœux a - dres - sez
mais aux ha - bi - tants du mon - de le bon - heur et la paix le bon - heur.
Cré - a - teur de - vant le Cré - a - teur de - vant le Cré - a - teur.
lui vos vœux a - dres - sez lui vos vœux a - dres - sez lui vos vœux.
et la paix le bon - heur et la paix le bon - heur et la paix.
Récapitulation des valeurs précédentes.
No 38.

DU MODE.

En musique il y a deux *modes* ou manières d'arranger les sons d'une gamme diatonique : l'un *majeur* si la médiante fait une tierce majeure avec la tonique ;

L'autre *mineur,* si cette médiante n'est éloignée que d'un ton et 1/2 (3ce mineure) de la tonique. Chaque ton majeur a son ton relatif mineur, dont la tonique se trouve une 3ce mineure au-dessous de la tonique majeure.

Tons relatifs.

En examinant ces deux accords parfaits, on voit que la tonique majeure devient la médiante du ton mineur, et que les deux notes, *Do* et *Mi,* sont conservées; ce rapport, le plus intime qui puisse exister entre deux tons, les a fait nommer *relatifs*.

Le ton *relatif mineur* est produit par l'altération ascendante de la dominante du ton *majeur,* laquelle n'entraine plus la tonalité vers le *Do*, mais bien vers le *La;* le *Sol* ♯ devient note sensible du ton de *La,* ce qui nous donne à croire que l'*accident* peut amener un changement de ton.

Exemple.

Cependant le *Sol* ♯ , ainsi que d'autres notes altérées, peuvent-être employées passagèrement dans le ton de *Do,* sans que la tonalité en soit ébranlée, c'est de ces altérations étrangères à la tonalité, que sont formés les intervalles altérés; elles servent seulement à donner plus de variété à la mélodie.

Exemple en Do *majeur.*

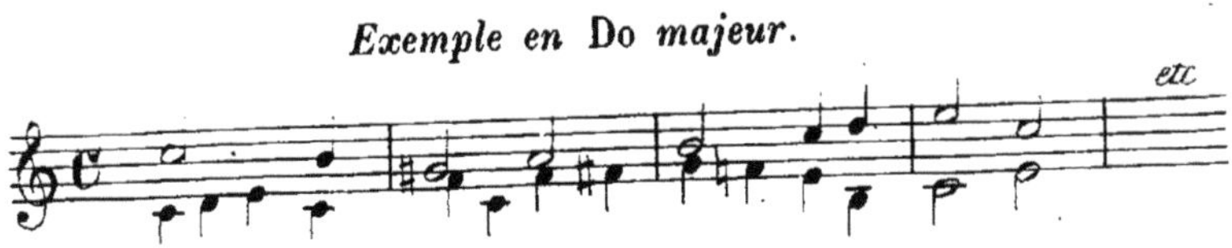

Le morceau de musique peut être aussi dans le ton *mineur* sans que la dominante soit employée, et même où l'on trouve accidentellement le *Sol* naturel; ce qui peut induire les élèves à se croire en *Do*.

Exemple

en La *mineur où la dominante n'est pas employée,*

en La *mineur où le* Sol *est naturel.*

Comme le ton *mineur* ne s'indique pas autrement à la clef que son ton *relatif majeur,* les élèves auront souvent de la peine à le reconnaître; ce n'est que par la pratique, qu'ils pourront savoir vers quelle tonique des deux *modes* tend la mélodie. Le ton *mineur* produit généralement une sensation plus triste que le ton *majeur*.

Gamme de La *mineur*, *ton relatif de* Do *majeur*, *servant de modèle à toutes les gammes mineures.*

Dans la gamme mineure, le 1er demi-ton se place de la 2me à la 3me note; et le 2me demi-ton se place en montant de la 7me à la 8me note, et en descendant de la 5me à la 6me.

En montant on hausse ordinairement la sus-dominante, afin d'éviter l'intervalle de 2de augmentée, (*Fa* ♮ *Sol* ♯) dont l'effet est dur.

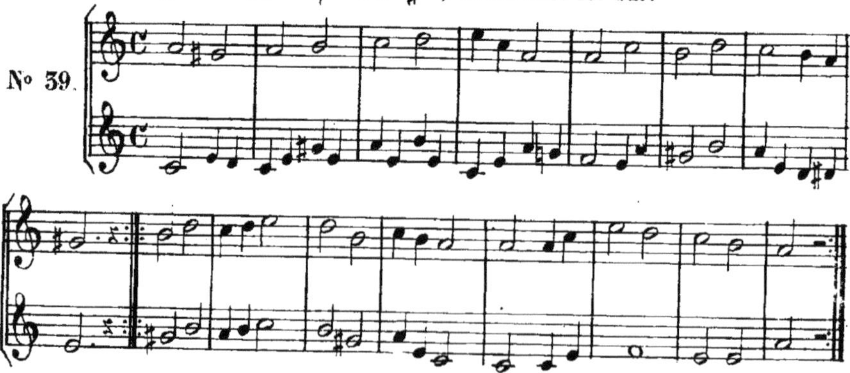

Modéré

BEETHOVEN

No 40

p

La mesure à 2 temps s'indique par $\frac{2}{4}$ *une noire pour chaque temps.*

2

1

No 41.

No 42

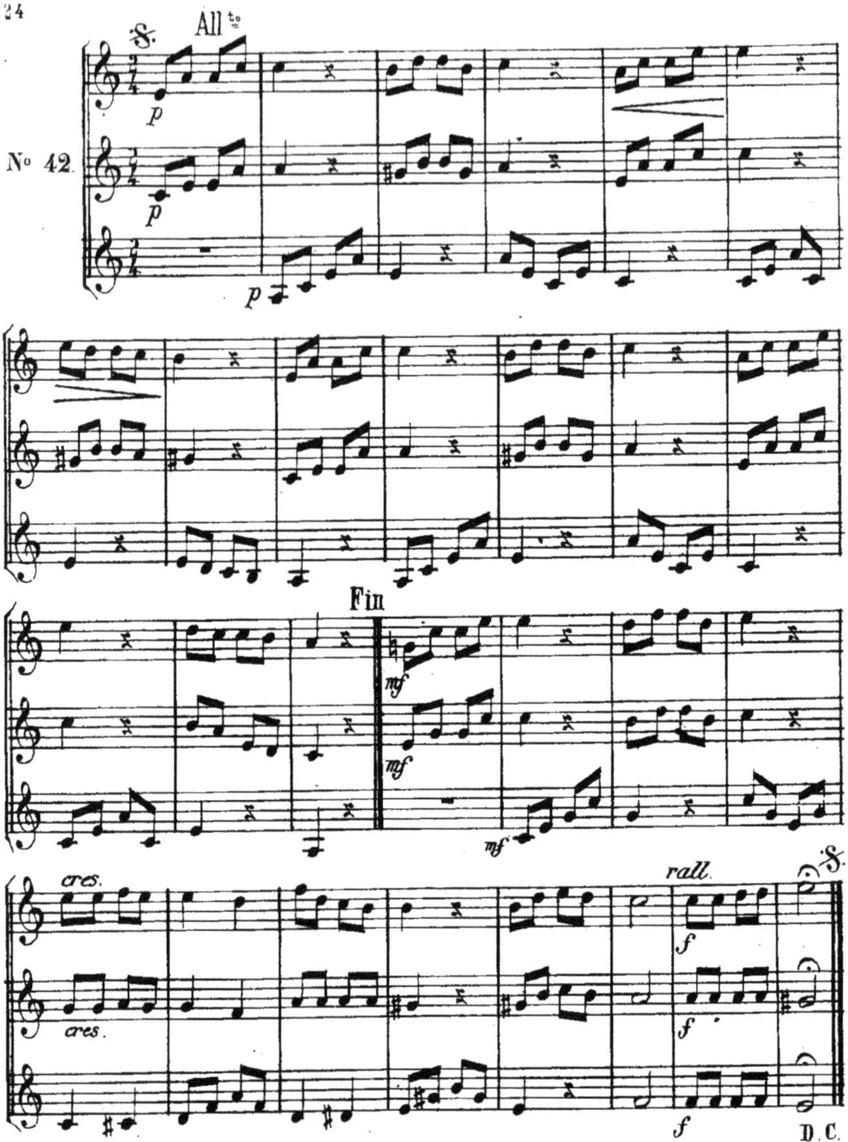
All^to
p
p
p
Fin
mf
mf
mf
cres.
cres.
rall.
f
f
f
D.C.

LEÇON SUR LE BÉMOL ♭

No 43

Modéré

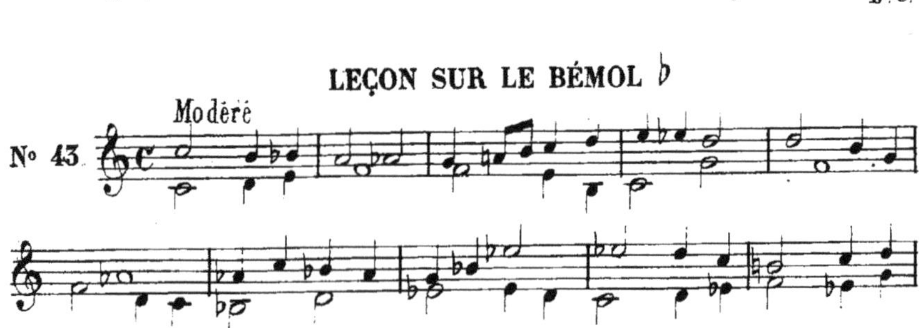

No 44.
4 doubles croches pour un temps.
No 45.

N° 46.

4me CHOEUR.

KUCKEN.

Expliquez dans quel ordre les dièzes se placent à la clef et le ton qu'ils indiquent.

Les élèves n'éprouveront pas plus de difficulté à chanter dans tous les autres tons que dans ceux de *Do* majeur, et de *La* mineur, qui leur servent de modèles.

Une note quelconque étant prise pour tonique, les *dièzes* ou les *bémols* arriveront naturellement de manière à rendre sa gamme semblable à celle de *Do* ou de *La*.

Par exemple, lorsque la tonalité sera bien établie sur le *Sol*, on s'apercevra que l'oreille sollicite le *Fa* ♯, de façon à produire contre le *Sol*, l'effet du *Si* contre le *Do*.

Comparez cette gamme à celle de *Do* majeur, et vous verrez qu'elle lui est tout-à-fait semblable dans l'ordre des tons et des demi-tons. Nous concluons donc qu'un air chanté dans le ton de *Do* majeur, pourra se chanter également dans tous les tons majeurs, sans cesser d'être absolument le même; seulement il sera chanté plus à l'aigu ou plus au grave. Il en serait de même d'un chant dans le *mode* mineur.

On aura toujours soin avant de chanter de bien établir le ton par l'accord parfait tonique.

Ton de Sol *majeur.*

Thême
Modéré
No 47.
p
cres
p
cres
Des croches pointées.
No 47bis.
Tempo di marcia
1e Var.
mf
No 48.
2e Var.
p
No 49.
3e Var

dim.
No 50.
4e Var.
Syncopes
5me CHOEUR.
Le tra-vail mes frè - res
3e Ct Le tra-vail de joie
2e Ct don-ne les beaux jours et
don-nent gloire et pain pa-
rem-plit no - tre cœur de
Le tra-vail mes frè - res
3e Ct Le tra-vail de joie
2e Ct don - ne les beaux jours.
don-nent gloire et pain.
rem-plit no - tre cœur.

cres.
de nos mi - sé - res ter mi - ne le cours
-resse i - ner - ci - e font mon - rir de faim
l'âme il dé - ploi - e la no - ble vi - gueur
cres
et de nos mi - sé - res ter-mi-ne le cours
pa-resse i - ner - ci - e font mourir de faim
de l'âme il dé - ploi - e la no-ble vi - gueur
f
tout dans la na - tu - re tra-vaille i - ci - bas l'oi - sif seul mur-
on es-time on ai - me l'homme di - li - gent on n'a qu'a-na-
tra - vail et pri - è - re courage et san - té voi - là sur la
f
tout dans la na - tu - re tra-vaille i - ci - bas l'oi-sif seul mur-
on es-time on ai - me l'hom-me di - li - gent on n'a qu'a-na-
tra-vail et pri - è - re cou-rage et san-té voi - là sur la
mu - re et n'ex-is-te pas. tra - vail in - dus tri - e
thê - me pour le fai-né - ant.
ter - re ma fé - li - ci - té.
2e Couplet
mu - re et n'ex-is-te pas. tra - vail in - dus-tri - e
thê - me pour le fai-né - ant.
ter - re ma fé - li - ci - té.
Adagio
HAYDN
No 51.
f
p
cres.

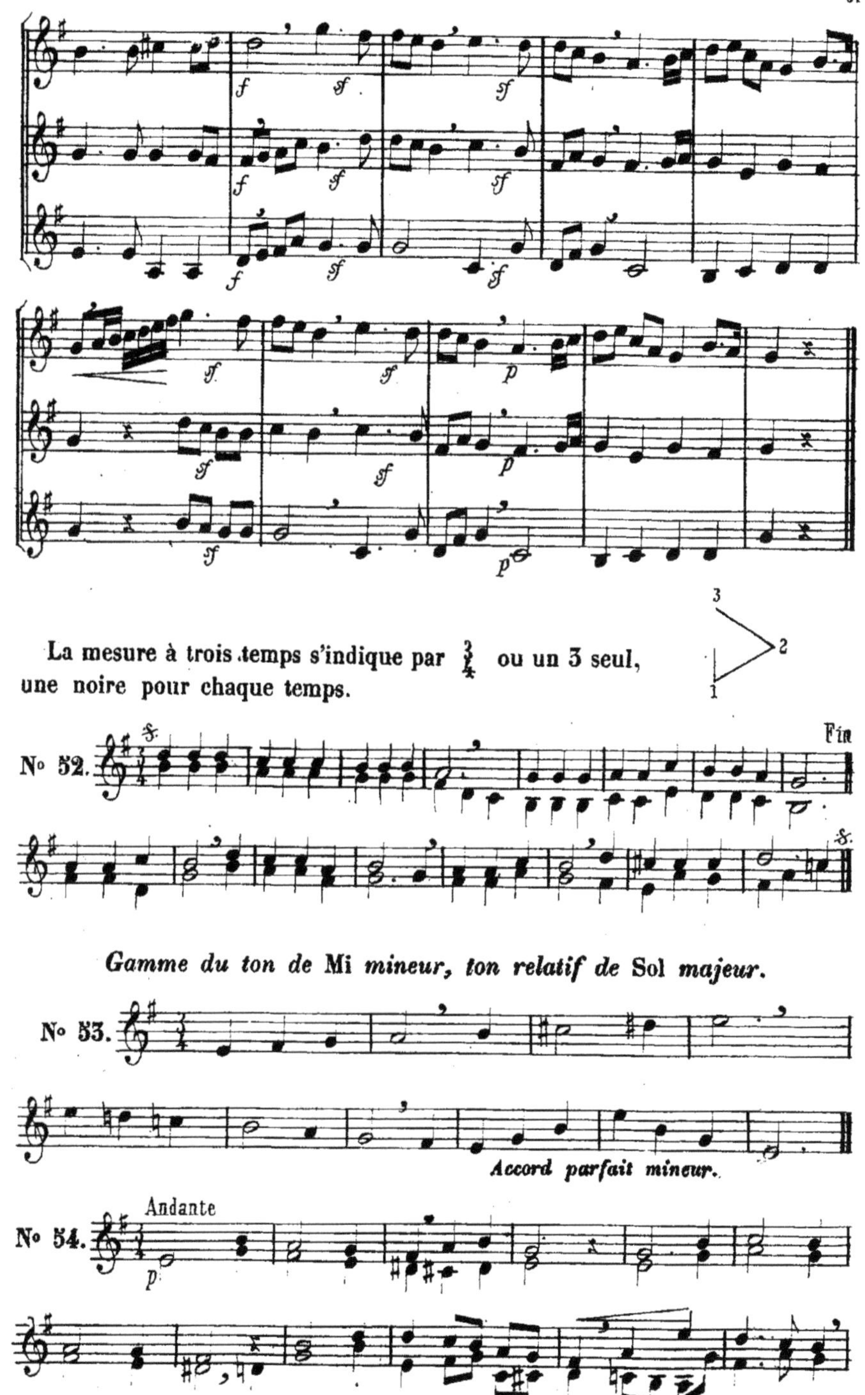

La mesure à trois temps s'indique par $\frac{3}{4}$ ou un 3 seul, une noire pour chaque temps.
No 52.
Fin
Gamme du ton de Mi mineur, ton relatif de Sol majeur.
No 53.
Accord parfait mineur.
Andante
No 54.

cres

Andante

No 55.

p

Fin

LEÇON A MESURER.

No 56.

6me CHOEUR.
All^tto
O bords char-mans de l'î - le val - lon che - ri des cieux o sé - dui-sant a - si - le sé - jour dé - li - ci - eux dans mon â - me at-ten-dri - e tu rap-pel - les tou - jours ma sé - con - de pa - tri - e et mes premiers beaux jours
De la tour de vé - so - ne j'a - per - çois le vieux mur et du flot qui ré - son - ne je re - con-nais l'a - zur peu - pli - ers dont l'om-bra - ge ins - pi - rait autre -
1r Coupl.
Refrain.
dim
la la la la la la la la la la la la la la la
2e Cl.
fois les chants de mon jeune â - ge en - fin je vous re - vois.
au refrain.
7me CHOEUR.
Moderato
SCHUBERT
O sœur che - ri - e de la pi - é - té fleur de ma vi - e douce a - mi - tié quit - te la sphè - re du Dieu du jour et de la ter - re fais ton sé - jour quand plein d'a -
espr.

DES MESURES SIMPLES ET COMPOSÉES.

Les mesures se divisent en mesures simples et en mesures composées.

La mesure simple est celle dont chaque temps est *binaire,* ou divisé en deux valeurs égales, comme deux croches, etc. (Les trois mesures qu'on a déjà vues sont simples pour cette raison.)

La mesure composée est celle dont chaque temps est *ternaire,* ou ne peut se diviser qu'en trois parties égales, au lieu de deux, comme dans les mesures simples. (Chaque mesure simple a sa mesure composée, qui se bat de la même manière.

Exemples.

Mesures simples.

Les 3 croches de la mesure composée n'ont pas plus de valeur que les deux de la mesure simple ; elles changent seulement le *Rythme* des temps de la mesure et non sa durée ; la preuve, c'est qu'on introduit très-souvent dans les mesures simples, des temps à division *ternaire*, alors on les appelle *triolets* et on les surmonte ordinairement d'un 3 ou d'un 6, lorsque deux *triolets* sont crochés ensemble, quoique le 6 ne devrait indiquer que le *sextolet*, qui consiste dans l'emploi de six doubles croches, au lieu de quatre pour un temps ; la raison en est que le *sextolet* doit s'exécuter tout autrement que deux *triolets*. Dans le *triolet* c'est toujours la 1re note qui reçoit l'accent. tandis que dans le *sextolet* cet accent tombe sur la 1re, la 3me et la 5me note.

Exemple.

Il faut remarquer :

1° Que pour savoir à quelle mesure simple une mesure composée se rapporte on n'a qu'à prendre le tiers du chiffre supérieur et la moitié du chiffre inférieur $\frac{6}{8}$ donnera $\frac{2}{4}$.

2° Si la mesure est simple on trouvera sa mesure composée en faisant le contraire, on triplera le chiffre supérieur et l'on doublera le chiffre inférieur, le C indiquant la mesure à 4 temps représente $\frac{4}{4}$ et donnera $\frac{12}{8}$.

3° Quand le chiffre supérieur dépasse 4, la mesure est toujours composée.

4° Dans les mesures simples, le chiffre inférieur donne la valeur du temps et dans les mesures composées, il n'en donne que le tiers.

Il y a aussi des mesures à temps doubles; qui valent une blanche, etc. telles que les mesures marquées par un 2 ou $\frac{2}{2}$ ou ₵ , $\frac{3}{2}$ et $\frac{4}{2}$

Voici leurs mesures composées : $\frac{6}{4}$ $\frac{9}{4}$ $\frac{12}{4}$

Ces mesures sont peu usitées dans la musique moderne, il serait même nécessaire qu'on les supprimat tout-à-fait; car elles ne sont d'aucune utilité et ne font qu'embarrasser les élèves. Les mesures à 2 et 3 temps suffisent pour noter tout ce qui peut être composé en musique.

Le No suivant n'est autre que le No 41 reproduit avec la mesure à $\frac{6}{8}$

Expliquez dans quel ordre les *bémols* se placent à la clef, et le ton qu'ils indiquent.

Gamme du ton de* Fa *majeur.

No 59.

Ton de* Fa *majeur.

Andante

No 60.

p

Modto

No 61.

f

p

cres.

Modto
No 62.
f
p
p
cres.
f
f
LEÇON A MESURER.
No 63.
9me CHOEUR.
Allo resolu.
f
Al - lons chas - seurs il est temps de par - tir al -
Par - tons a - mis pro - fi tons d'un beau jour par -
f

lons dé - jà sur les monts voi - ci le jour ve - nir
tons à - mis le plai - sir nous at-tend au re - tour
sur nos blancs cour - si - ers ren - dons nous au vil - la - ge la voû - te du
mais sur lé - tri - et voi - ci la cha - te - lai - ne el - le nous sui -
ciel est ex - emp - te d'o - ra - ge et dans la fo - rêt près du
vra sur les monts dans la plai - ne no - ble cha - te - laine il est
som - bre ma - noir nous nous re - ver - rons nous nous re - ver -
temps de par - tir si l'herbe à des fleurs si l'herbe à des
rons au ren - dez vous du soir au ren - dez
fleurs nous a - vons le plai - sir nous a - vons
vous du soir al - lons al - lons chas - seurs le
le plai - sir le cor au loin au loin va
mot d'ordre est es - poir es - poir es - poir
de - jà re - ten - tir par - tons par - tons.
p
f
cres.
dim.

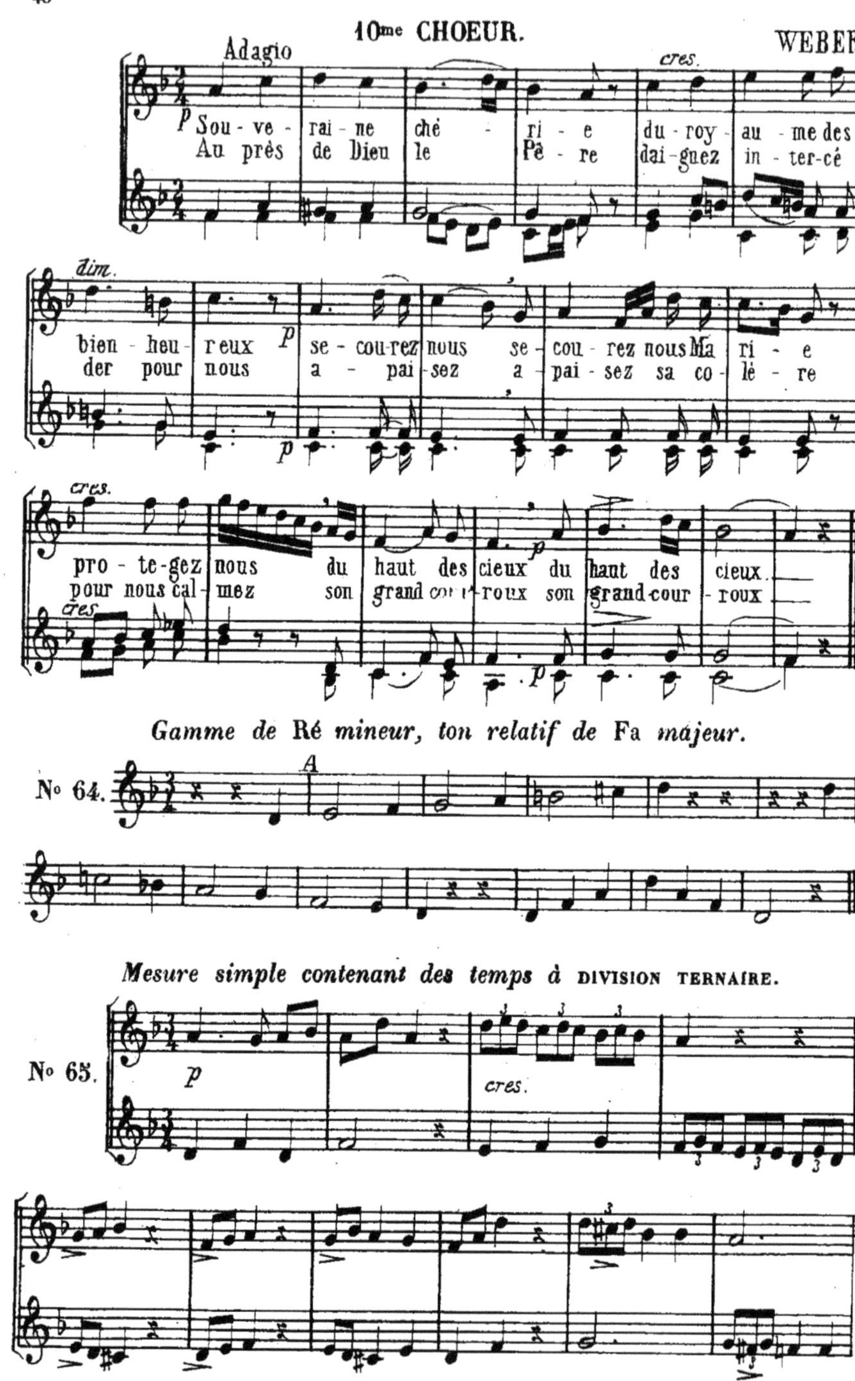
10me CHOEUR.
WEBER
Adagio
p
cres.
Sou - ve - rai - ne ché - ri - e du - roy - au - me des
Au près de Dieu le Pè - re dai - gnez in - ter - cé
dim.
bien - heu - reux se - cou - rez nous se - cou - rez nous Ma - ri - e
der pour nous a - pai - sez a - pai - sez sa co - lè - re
pro - te - gez nous du haut des cieux du haut des cieux
pour nous cal - mez son grand cour - roux son grand cour - roux
Gamme de Ré mineur, ton relatif de Fa majeur.
No 64.
A
Mesure simple contenant des temps à DIVISION TERNAIRE.
No 65.
p
cres.

Nº 66.
Allº resoluto.
Nº 67.
f
f
unisson

Chant russe.
Maëstoso
No 68.
ff
sf
sf
dim.
fs
sf
1°
2°
cres.
cres.
ff
sf
dim.
cres.
Gamme du ton de Ré majeur.
No 69.
Mod.to
GRETRY.
No 70.
p
p
f
f
p

DU DOUBLE *DIÈZE* ×♯.

On ne met pas le double *dièze* à la clef.

$\frac{12}{8}$ *mesure composée de la mesure à 4 temps.*

N° 72.

Par l'exemple suivant on s'assurera plus facilement de la différence qui existe entre les deux *modes*.

Passage alternatif de la même mélodie en Ré *mineur et majeur.*

On voit par ce qui précède, que, dans le *mode* mineur, la médiante et la sus-dominante sont moins élevées d'un 1/2 ton que dans le *mode* majeur (ces 2 notes sont surmontées d'une croix): que le changement de *mode* sur sur la même tonique amène à la clef une différence de trois *accidents;* c'est-à-dire qu'il faut toujours hausser trois notes pour qu'un ton mineur devienne majeur et vice-versa.

11me CHOEUR

MENDELSOHN

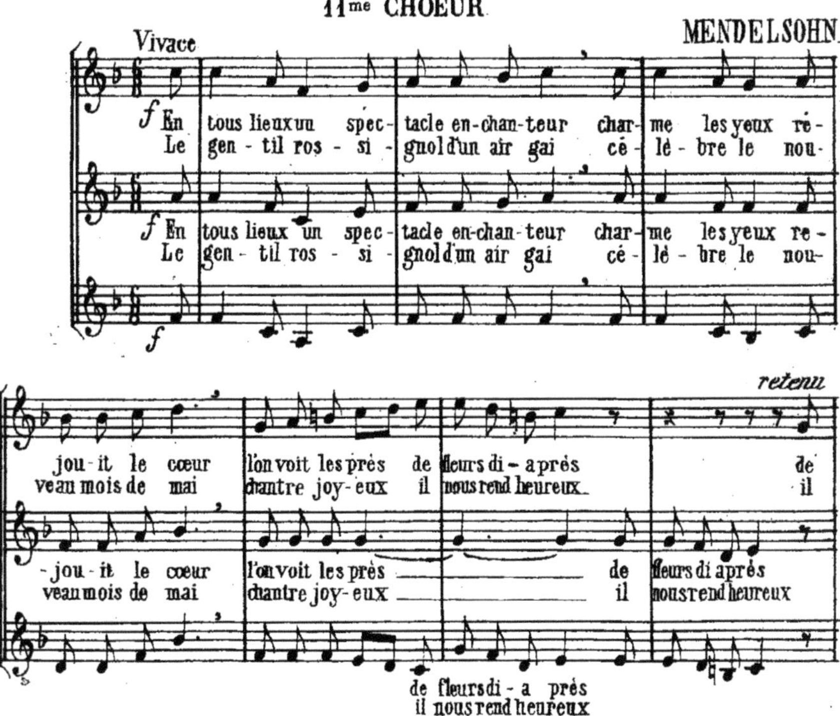

fleurs di a pris p la terre en tié-re en ces beaux jours a re - pris
nous rend heu-reux et par - tout la na-ture en fleur ex- hale un
p la terre en- tié-re en ces beaux jours a re - pris
et par tout la na-ture en fleur ex- hale un
p
en - tiére en ces beaux jours
tout la na - ture en fleur
dim.
ses brillants a- tours f la terre en- tiére en ces beaux jours a re-pris
par - fum de bon- heur et par - tout la nature en fleur ex-hale un
ses brillants a - tours f la terre en tiére en ces beaux jours a
par- fum de bon- heur et par tout la na-ture en fleur ex-
f
ses bril - lants à tours la
par - fum de bonheur et
ses bril- lants a- tours a re-pris ses
par - fum de bon- heur ex-hale un par-
re - pris ses brillants a- tours a re - pris ses bril - lants
hale un par-fum de bon- heur ex-hale un par - fum de
brillants a - tours f la terre en - tière en ces beaux
fum de bon- heur et par tout la na - ture en
a tours f la terre en tiere en ces beaux
bon - heur et par- tout la na - ture en-
f

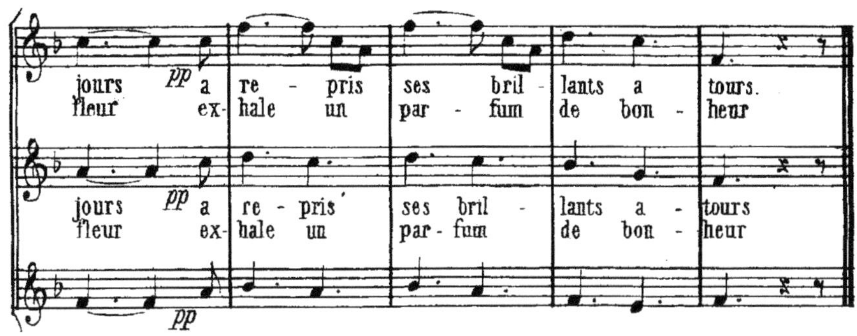

Gamme du ton de Si ♭ majeur.

12me CHOEUR.

Maëstoso

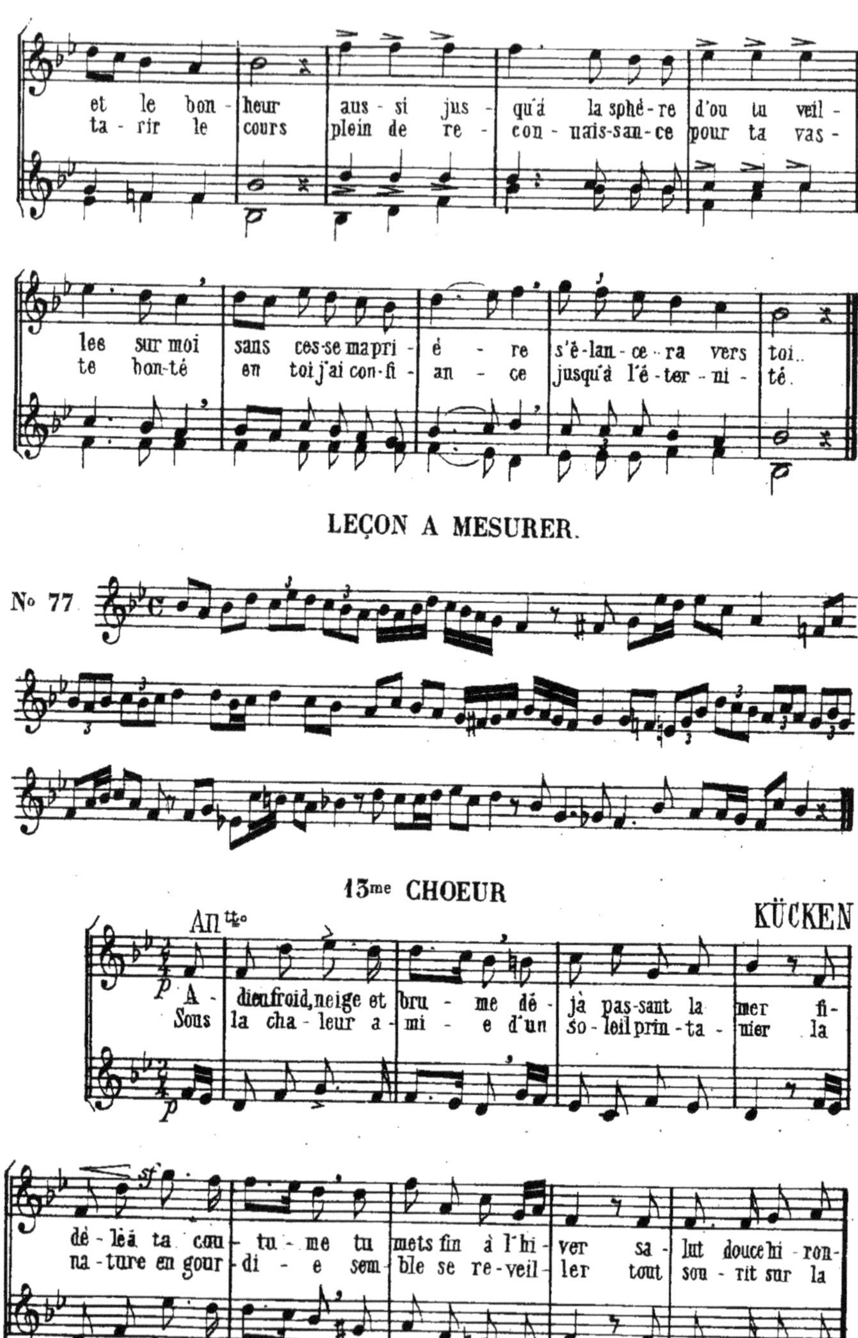
et le bon - heur aus - si jus - qu'à la sphè - re d'où tu veil -
ta - rir le cours plein de re - con - nais-san-ce pour ta vas -
les sur moi sans ces-se ma pri - è - re s'é-lan - ce - ra vers toi..
te bon-té en toi j'ai con-fi - an - ce jusqu'à l'é - ter - ni - té.
LEÇON A MESURER.
No 77
13me CHOEUR
Andte
KÜCKEN
p
A - dieu froid, neige et bru - me dé - jà pas-sant la mer fi -
Sous la cha - leur a - mi - e d'un so - leil prin - ta - nier la
sf
dé - le à ta cou - tu - me tu mets fin à l'hi - ver sa - lut douce hi - ron -
na - ture en gour - di - e sem - ble se re - veil - ler tout sou - rit sur la

del - le quand tu viens chasser les fri-mas an - non-cer la sai - son nou-velle sois
ter re pro - fi-tant du premier beau jour tu viens hi-ron-del - le lé-gè-re chez
bien ve-nue en nos cli - mats viens ha - bi - ter
nous é-ta-blir ton sé - jour pour no - tre cœur
cli - mats viens ha - bi - ter un nid lé
sé - jour pour no - tre cœur char-mante est
cres
un nid lé - gér sous no - tre ciel hos -
char-mante est l'heure où tu ra - mè - nes
cres.
gér sous no-tre ciel viens ha-bi - ter un nid lé -
l'heure où tu ra - mènes pour no-tre cœur charmante est
dim.
pi - ta - lier viens ha - bi - ter
le bon - heur pour no - tre cœur
ger sous no-tre ciel hos - pi - ta - lier viens ha - bi - ter un nid lé -
l'heur où tu ra - mè-nes le bon-heur pour no-tre cœur charmante est
cres
dim.
un nid lé - gér sous no-tre ciel hos - pi - ta lier viens
charmante est l'heure où tu ra - mè - nes le bon - heur pour
ger viens ha - bi - ter un nid léger sous no-tre ciel hos-pi-ta-lier viens
l'heure pour notre cœur charmante est l'heur où tu ra - mè-nes le bon-heur pour
dim
ha - bi - ter sous no-tre ciel hos - pi - ta - lier.
no - tre cœur où tu ra - mè - nes le bon - heur.
dim

La mesure à 3 temps s'indique aussi par $\frac{3}{8}$, une croche ou autres valeurs équivalentes pour chaque temps. Cette mesure à trois huit, quoique très-usitée dans la musique moderne, n'est pas plus nécessaire que celles que nous avons signalées à l'article des mesures composées.

La même mélodie peut être notée indistinctiment avec la mesure à $\frac{3}{8}$ ou celle à $\frac{3}{4}$, sans qu'il en résulte d'autre changement, que celui de la figure des notes.

La leçon suivante commence en *Sol* mineur et finit en *Sol* majeur.

p
p
p
cres.
cres.
f
f
14me CHOEUR.
Lento
A - ve Ma-ri - a sur l'â - me qui pleure, chante et ver-se
A - ve Ma-ri - a sur l'â - me qui pleure, chante et ver-se
A - ve Ma-ri - a sur l'â me qui pleure chante et ver-se

retenu
Fin
mf
cres
l'heure ou l'an - ge pri - a 1er C. Quand on entend le soir trem -
2e C. Tout ce que nous pleu - rons plein
l'heure ou l'an - ge pri - a Quand on en -
Tout ce que
mf
cres.
bler à son o - reille trem - bler à son o - reil - le l'an - gé - lus qui s'é -
d'u - ne grâce aus - tère plein d'u - ne grâce aus - tè - re re - vient il sur la
p
f
tend le soir trem - bler à son o - reil - le l'an - gé - lus qui s'é -
nous pleu - rons plein d'u - ne grâce aus - tè - re re - vient il sur la
tend le soir trembler à son o - reil - le l'an gé - lus l'an - gé - lus qui s'é -
nous pleu - rons plein d'u - ne grâce aus - tè - re revient il re - vient il sur la
veil - le comme un ger - me d'es - poir en rê - vant sur sa por - te on rap - pel - le tout
ter - re pour nous dire es - pé - rons car à ce ciel qui son - ne no - tre coeur a - frè -
veil - le comme un ger - me d'es - poir en rê - vant sur sa por - te on rap - pel - le tout
ter - re pour nous dire es - pe - rons car à ce ciel qui son - ne no - tre coeur a frè -
bas. quelqu'es - pé - ran - ce mor - te d'ab - sence ou de tré - pas a
mi comme u - ne main fris - son - ne sous la main d'un a - mi a
bas quelqu'es - pé - ran - ce mor - te d'ab - sence ou de tré - pas a
mi comme u - ne main fris - son - ne sous la main d'un a - mi a

Gamme du ton de La majeur.

No 81.

Andte

p

No 82.

p

p

cres

dim.

cres

dim.

p

p

p

Mod.to
Chant russe.
No 83.
mf
La 2e fois pianiss.
cres
dim
dolce
cres.
f
dim.
pp
p
All.tto
No 84.
p
p
p
f
f
f

DE LA CLEF DE *FA*, 4me Ligne.

La clef de *Fa* sur la 4e ligne donne le nom de *Fa* à la note placée sur la même ligne.

Exemple.

La note placée sur la 1re ligne se nomme *Sol*, sur la 2de *Si*, sur la 3me *Ré*, sur la 4me *Fa*, sur la 5me *La*.

Exemple.

Dans le 1er interligne est placé le *La*, dans le 2e le *Do*, dans le 3me le *Mi*, dans le 4me le *Sol*.

Exemple.

On voit par ces deux exemples qu'il y a une différence de *tierce* dans la notation des même notes sur la clef de *Sol*, et sur la clef de *Fa*, 4me ligne.

Exercice des notes placées sur les 5 lignes.

Exercice des notes placées sur les 4 interlignes.

Exercice réunissant les notes placées sur et entre les lignes de la portée.

Les notes placées au-dessous de la portée sont :

fa mi ré do si la sol

si do ré mi fa sol

Les notes placées au-dessus de la portée sont :

4me *Exercice.*

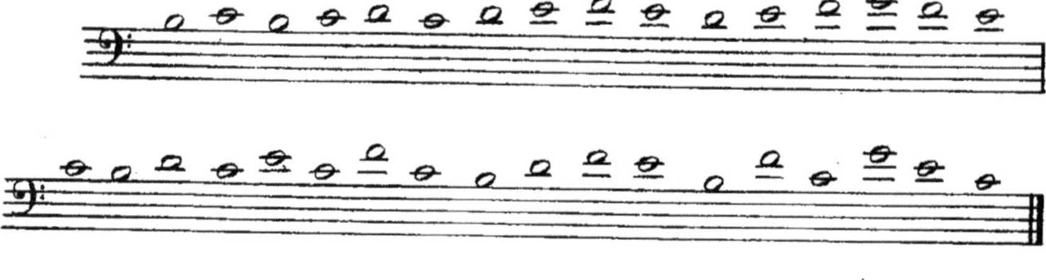

Canon à 2 parties.

15me CHOEUR.

SACCHINI

$\frac{9}{8}$ *mesure composée de* $\frac{3}{4}$

Gamme en* La ♭ *majeur.

Moderato.

N° 86.

p p cres. cres. f f p p

Moderato.

N° 87.

p

LEÇON A MESURER.

Gamme de Fa *mineur, ton relatif de* La ♭ *majeur.*

16me CHOEUR.
All°
Long-tems bat - tu par les o - ra - ges vain jou - et des vents fu - ri - eux je re - vois en - fin les ri - vages et les doux champs de nos ai - eux oui dé - jà l'affreu-se tem - pê - te roule ail - leurs les flots en cou -
O quel bon - heur ber-ce mon â - me quel es - poir sou - rit à mon coeur du phare au loin je vois la flamme et le mou - choir blanc de ma soeur vo - gue donc ma bar-que fi - dè - le au ri - va - ge où l'on m'at -
Longtems bat-tu par les o - ra - ges vain jou-et des vents fu - ri - eux je re - vois en - fin les rivages et les doux champs de nos ai - eux oui dé - ja l'af-freu-se tem - pê - te roule ail - leurs les flots en cou -
O quel bonheur ber-ce mon â - me quel es-poir sou - rit à mon coeur du phareau loin je vois la flamme et le mou-choir blanc de ma soeur vo gue donc ma bar que fi - dè - le au ri - va - ge ou l'on m'at -

roux — plus de nu - a - ge sur ma tê - te londe est cal - me les airs sont doux les airs sont doux —

tend — et toi zê - phyr prê - te ton ai - le à ma voix que ma mère en - tend ma mère en - tend —

p *ret.*

And^te^ assai

pp grâce à ta clé - men - ce ô Ma - ri - e ô Ma - ri - e qu'on im - plo - re qu'on n'im - plo - re ja - mais en vain —

je vais voir ma mè - re ma mè - re ché - ri - e bien - tôt — bien-tôt je se - rai sur son sein

cres.

bien - tôt

bien - tôt

On ne met jamais le double 𝄫 à la clef.

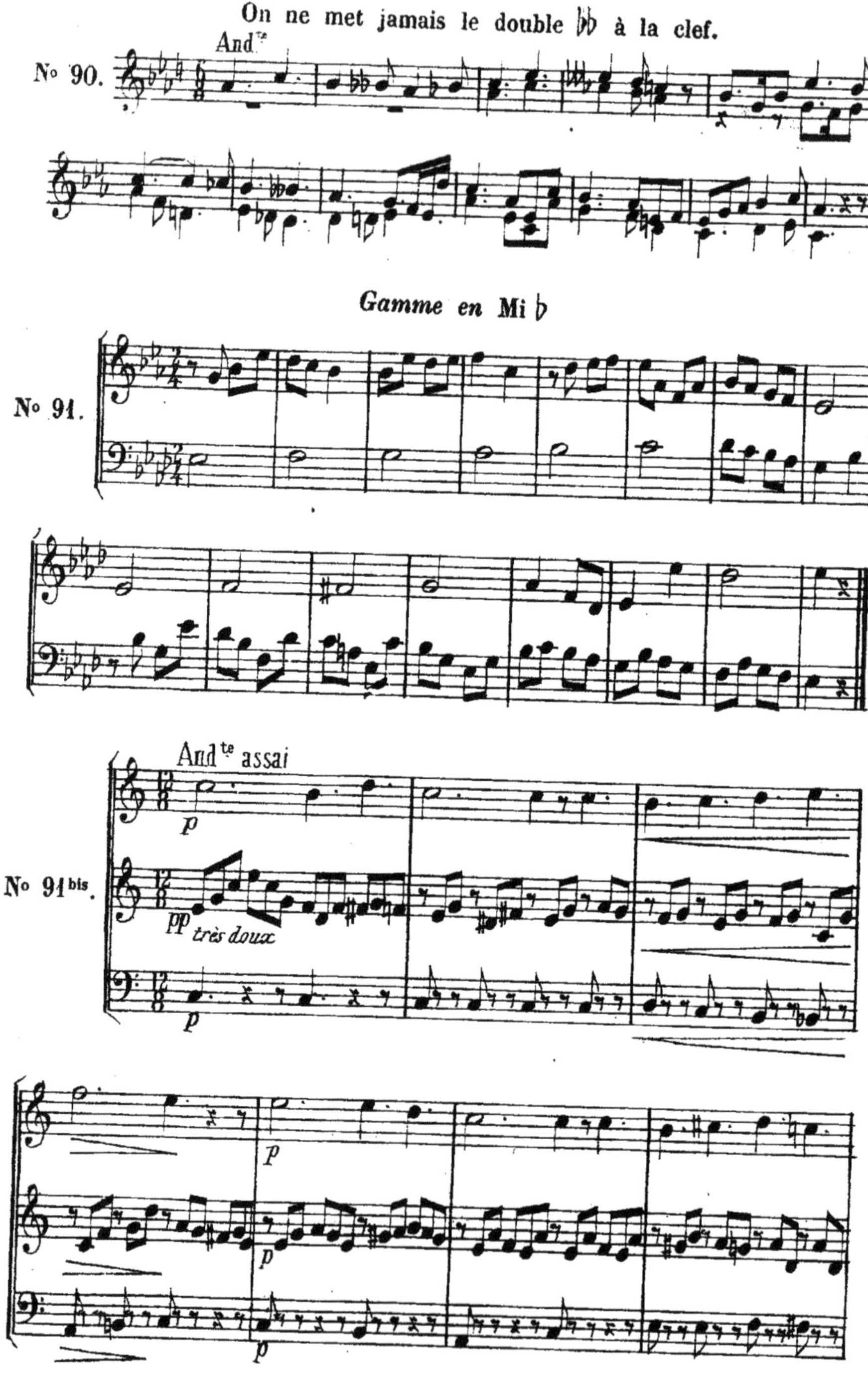

cres
f
retenez
cres.
f
f
rall.
pp
dim
p
rall.
pp
rall
p
pp
All° risoluto.
f
f
f

No 92.

En divisant par les ♯ ou les ♭, les 5 secondes majeures de la gamme de *Do,* on partagera la gamme entière en 12 demi-tons; on donne à ces successions par demi-tons le nom de gammes *chromatiques.*

Exemple.

Gamme chromatique produite par les ♯ .

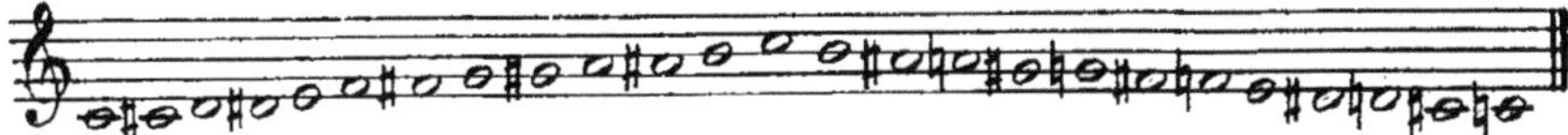

Gamme chromatique produite par les ♭ .

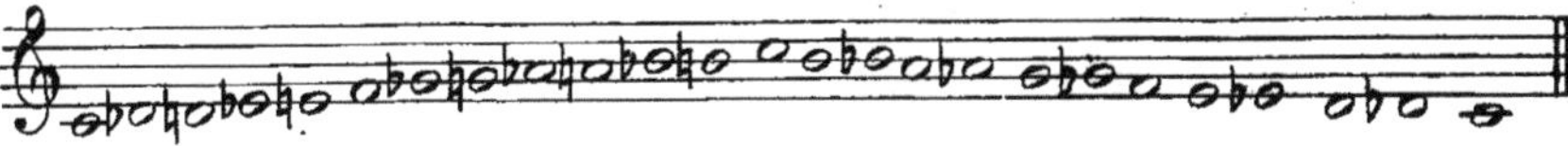

Chacun de ces demi-tons peut être pris pour base d'une des deux échelles : majeure ou mineure, cependant comme nous avons déjà dit que le double × ni le double ♭♭ ne se mettaient jamais à la clef, les tons qui nécessitent ces signes altératifs (comme par exemple le ton de *Sol* ♯ qui a pour note sensible le *Fa* double ♯) ne sont en usage que dans le courant d'un morceau de musique.

Le professeur aura soin de faire copier aux élèves, les gammes des tons dans lesquels je n'ai pas écrit de solfèges, ce travail leur sera très utile.

Les gammes majeures qui se font à l'aide des ♯ , sont celles de :

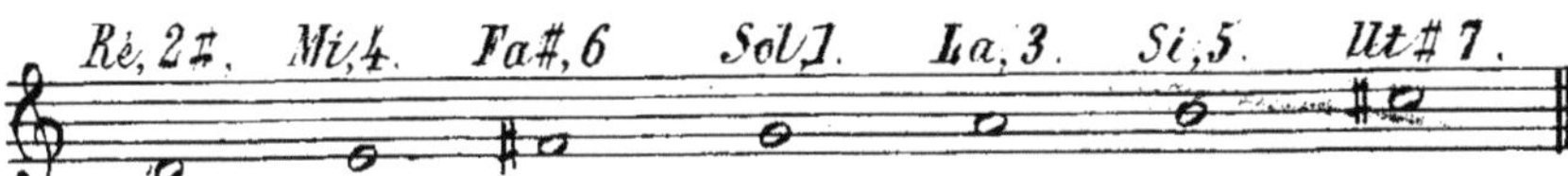

Cet exemple nous fait observer, qu'en élevant la tonique d'une seconde majeure, on ajoute deux ♯ à la nouvelle gamme; ainsi du ton de *Ré* si l'on passe au ton de *Mi*, on aura deux *Dièzes* de plus; le contraire aura lieu si l'on descend la tonique d'une seconde majeure.

17me CHOEUR.

La clef de ***Fa,*** se place aussi sur la 3me ligne, et donne le nom de ***Fa,*** à la note qui se trouve sur la ligne de la clef.

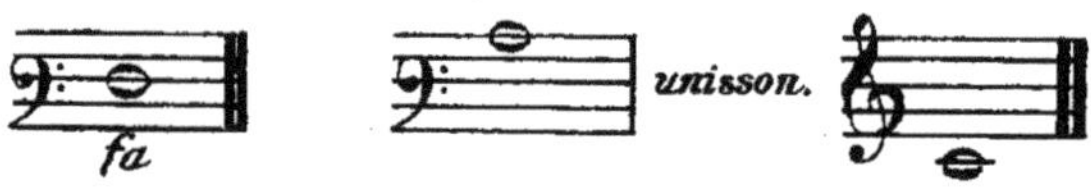

La clef de ***Do,*** se place sur les 4 premières lignes et donne le nom de ***Do,*** à la note qui se trouve sur la ligne de la clef.

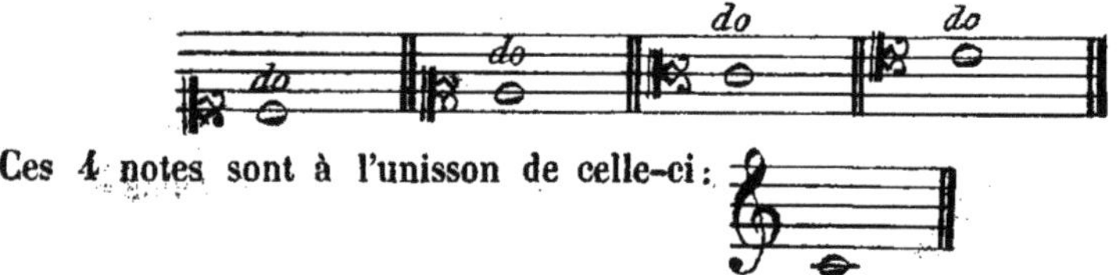

Ces 4 notes sont à l'unisson de celle-ci :

Les élèves s'exerceront à trouver les autres notes de la portée : ces clefs ne sont plus usitées généralement, que pour la lecture des partitions et la transposition.

On peut changer de ton, sans changer le nom de la tonique, ce qui permet à l'exécutant de n'avoir jamais plus de 3 *accidents* à la clef; il n'a qu'à échanger par la pensée les signes de la clef; ainsi le ton de *La* ♭, qui comporte 4 ♭, peut-être échangé contre le ton de *La* avec 3 ♯. On échangerait de même le ton de *Mi* avec 4 ♯, contre celui de *Mi* ♭, avec 3 ♭.

Par conséquent, deux tons différents dont les toniques ont le même nom, donnent toujours des accidents formant le nombre 7. Cela doit être; car si l'on hausse ou si l'on baisse la tonique d'un demi-ton, on haussera ou l'on baissera également les 7 notes de la gamme, afin de conserver les mêmes distances que dans l'une ou l'autre des deux gammes modèles.

L. GUILLEAUME - CHANT D'ENSEMBLE

www.ingramcontent.com/pod-product-compliance
Ingram Content Group UK Ltd.
Pitfield, Milton Keynes, MK11 3LW, UK
UKHW020955180726
13838UKWH00003B/1336